中华中医昆仑

何任学术评传

张镜源◎主编

中国盲文出版社

图书在版编目（CIP）数据

何任学术评传（大字版）/ 张镜源主编. —北京：中国盲文出版社，2015.12

（中华中医昆仑）

ISBN 978-7-5002-6884-0

Ⅰ.①何…　Ⅱ.①张…　Ⅲ.①何任（1921～2012）—评传　Ⅳ.①K826.2

中国版本图书馆 CIP 数据核字（2015）第 310379 号

何任学术评传

主　　编：张镜源
责任编辑：亢　森
出版发行：中国盲文出版社
社　　址：北京市西城区太平街甲 6 号
邮政编码：100050
印　　刷：北京华联印刷有限公司
经　　销：新华书店
开　　本：700×1000　1/16
字　　数：42 千字
印　　张：6.5
版　　次：2015 年 12 月第 1 版　2015 年 12 月第 1 次印刷
书　　号：ISBN 978-7-5002-6884-0/K·488
定　　价：12.00 元
销售服务热线：（010）83190297　83190289　83190292

丛书编委会

前　言

中医药是中华民族的伟大创造，是世界医学宝库中的夺目瑰宝，数千年来为中华民族的繁衍昌盛作出了巨大的不可磨灭的贡献，至今仍是中国医药卫生事业不可分割的重要组成部分，在维护民族体魄康健、促进经济社会发展中发挥着不可替代的作用。

中医药学，是中华传统文化和科技文明的结晶，是勤劳聪慧的中华儿女在几千年生产生活实践中，在与疾病作斗争的过程中，创造的独具特色的医学科学体系。它有着浓郁的民族特色、深厚的文化底蕴和丰富的哲学内涵。经过一代又一代中医药传人、一辈又一辈名医大家的实践探索、薪火传承、总结完善、创新发展，逐步形成了系统的理论体系、独特的诊疗方法、丰富的医学内容、实用的制药技术。具有疗效确切、用药安全、应诊灵活、普适简廉和预防保健作用显著的巨大优势，在世界医学之林独树一帜，为人类的文明进步与医疗保健事业，已经并正在作出积极的贡献。

为了弘扬中华民族传统文化，彰显中医药学家的丰功伟绩，当代中医药发展研究中心与中国文学艺术界联合会、国家中医药管理局新闻办公室、中华中医药学会、中国中医科学院、北京中医药大学、世界中医药学会联合会等精诚合作，在国家中医药管理局的支持和指导下，为中华近现代百年来贡献卓著、深受敬仰的150位中医药学家，编撰出版了这部大型传记丛书。丛书采用评传体裁，记载他们的生平事迹、医术专长、学术思想、传承教育、医风医德、养生之道和突出贡献，使这些宝贵的医学成就和精神财富发扬光大，千古流芳。

丛书取名《中华中医昆仑》。昆仑山，被尊为“万山之祖”，柱西北而瞰东南，立中国而凭世界，凌驾乾坤，巍然屹立。以其高峻豪迈、绵延起伏的磅礴气势，寓意中华中医药学历史悠久、博大精深和永不衰竭；以其挺拔雄伟、高耸入云的恢弘气魄，彪炳一代中医药学家的丰功伟绩、杰出贡献和不朽勋业。

丛书入选传主，从全国范围推荐遴选，遍及中医药界各个领域。有临床家、理论家、药学家、教育家、医史文献学家；有名师亲授、世医家教、学派传人、院校毕业和自学成才者；有师徒并驾、父子齐名和伉俪联袂者。他们学术造诣深厚、诊疗技术精湛、临床经验丰富、学科地位崇高、科研成果丰硕、医风医德高尚、国内外影响较大，从医学理论到临床实践，为中医药事业的传承和发展作出了突出贡献，是近现代百年来中华中医药界的杰出代表。

丛书的出版，对于弘扬中华文化，振兴中医药事业，造就中医药人才，普及中医药知识，具有重要的现实意义和深远的历史意义。这是一项开创性工作，填补了我国为著名中医药学家大规模撰写传记的空白；也是一项抢救性工作，因入选传主已仙逝过半，许多亲历、亲见、亲闻的史料日见散逸，将之收集整理、编撰成书，功垂后世、利国利民；更是一项承前启后的工作，总结传主经验，传承中医药伟业，继往开来，光耀世界医学之林。这部医文结合，富蕴历史性、学术性、文学性和实用性的鸿篇巨制，对医疗、卫生、科研、教育及全球关注中华中医药文化的各界人士，都有重要的参考和阅读价值。

丛书的编撰出版，是一项巨大的中医药文

化建设工程，在策划、撰写、编辑、出版过程中，自始至终得到了国家有关领导、政府部门及社会各界人士的关心和支持。国家中医药管理局高度重视，并组织专家对全书进行终审；数百名专家、学者亲临指导，参与规划；有关省、市、自治区卫生厅、局、中医局（处）给予大力帮助；传主及其亲属、弟子热情支持、密切配合；撰稿人深情满怀、辛勤笔耕；编审专家尽心竭力、精工细琢；关爱中医药事业的企业家热心公益、慷慨资助；全体工作人员不辞辛劳、无私奉献，这一切使丛书得以顺利出版。对此，我们深表谢意。

由于时间紧迫和资料搜集困难，加之水平有限，难免有疏误之处，敬请广大读者批评指正。

中华中医药学，历史悠久，源远流长，发端于远古，奔向于未来。百年对于历史，不过是短暂的瞬间；百人对于万众，不过是沧海一粟。然本丛书所记载的百年百人，则无疑是波澜壮阔的中医药发展史上辉煌的篇章和光芒闪烁的璀璨星辰。

张镜源

目录

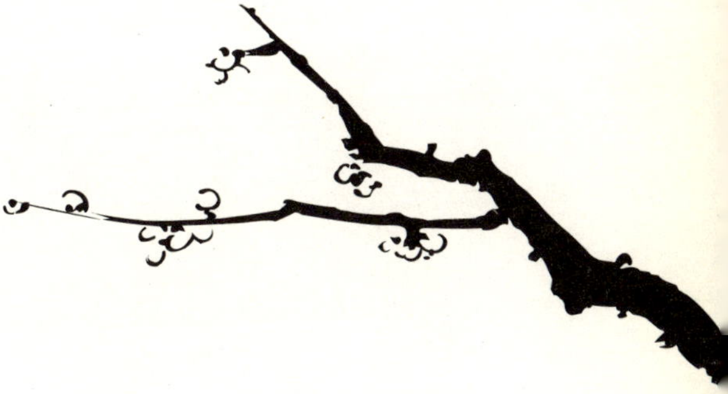

回忆余初入医林，虽系家传，又经学校系统学习中医及西医知识，但如不经凶险疾病之实际处理，必然印象不深。余至今行医教育六十余年，尚能烂熟大略，特别是细聆病人言词陈说，是提高自己、总结学术经验的最大动力。

——何　任

何任，1921 年出生，字湛园，浙江杭州市人，著名中医临床家、教育家、理论家，首届国医大师，被日本学者誉为“中国研究《金匮要略》的第一人”。现为浙江中医药大学主任医师、终身教授、博士研究生导师。

何任作为临床家，遇重病大证，常以“经方”取效；遇杂病难症，则“经方”、“时方”选而用之。他治疗肿瘤采用扶正祛邪法，并探索出“不断扶正，适时祛邪，随证治之”的原则，屡见奇效。何任妇科宗陈素庵、傅山，以健脾理气治经带，以益调奇经法治崩漏，以运利经脉治癥瘕。他诊治时病，则善用江南温病学派法则，多轻清渗解，见效甚显。

作为教育家，他于20世纪40年代创办中医函授教育，50年代任浙江中医进修学校校长，后任浙江中医学院（现浙江中医药大学）副院长、院长。他积极倡导各门学科取长补短，同条共贯，为浙江中医学院的发展壮大作出了积极贡献。

作为理论家，他从1938年撰写《论〈伤寒论〉六经》，至今已发表和出版论文（专著）200余篇（部）。其中，仅研究《金匮要略》的著作就有十余部，有的还被译成日文，对中医药的对外推广和交流起到了积极作用。同时，何任为中医药事业的传承、振兴和发展也作出了不懈的努力和重要的贡献。

何任经历了几次反中医之逆流，每次他总是四处奔走，化解偏见。直到耄耋之年，他还会同全国著名中医学专家“十老上书”、“八老上书”，为加强管理、振兴中医积极呼吁，献计献策，一片赤诚之心令人崇敬。

何任住在杭州城东浙江中医药大学教师宿舍内。他面目清朗，精神矍铄，一副金丝眼镜后闪动着慈祥而睿智的明眸，让人怎么也看不出已是九旬的老人，从中也可以感悟到他是《黄帝内经》中“恬淡虚无，精神内守”以及庄子“动静结合，节制食色”养生理论的真正实践者。

在客厅的两壁挂着齐白石的《果蔬图》和李可染的《春牛图》，以及钱君匋书写的“尊俭堂”匾。一盆蕙兰在花墩上散发着淡淡的幽香。这简朴的陈设，为厅堂平添了几分清雅和高洁。

楼上还有一处新置的大客厅，迎门高悬着“寿世草堂”匾额，为佛界名人俞德明居士的手笔。厅内装饰古朴平宁，为何任给子弟讲学之所。

与这位儒雅平易的中医大家交谈，你会感

受到一种谦和、坦诚的温情，会被他心灵中溢出的仁爱、充满魅力的医论以及动人心魄的医案不知不觉地引入博大精深的中国中医药宝库，并陶醉于其中……

家传学医　上海深造

1921年，军阀混战，民不聊生。

杭州火车站附近，福缘巷的老墙门中，中医世家何公旦先生家诞生了一个白胖的小子，取名何任（入庠后字祈令，别署湛园）。他有四个姐姐，一个哥哥，一个弟弟。二姐何愔毕业于杭州西湖美专，嫁给了大名鼎鼎的画家潘天寿。先后担任中国美术学院、中央美术学院院长的潘公凯就是何任的亲外甥。

何任的祖父行医，兼营纸业。父亲何公旦从小随父学医，又进过洋学堂，工书画。从他现存的《五十以后骈庵图》来看，工笔写意并蓄，笔墨神韵飞动，颇有八大山人的遗风。何公旦的书法颇似二王，又有董其昌的丰润。“墨池飞出北溟鱼”，连他诊病的处方也被许多人从药铺中以一块银元收购。何公旦中年开始信佛，抗战前还从上海佛学书局订购了一套《大藏经》，计500余本，后全部捐献给了杭州云栖寺院，寺院还为此修建了一座藏经楼。公旦先生的医德医术很出色，特别是诊断功夫十分高明，人称“公旦切脉，王熙（王叔和）再世”。他立方恰当，疗效极佳。慕名而来的患者一个上午就有三四十人，诊室里病家赠送的银盾、锦旗不下数十架（幅）。但他仍是不敢懈怠，每天早起上便厕，还不断翻看医案底簿，思考复诊时的用药，以求精益求精。尽管诊务繁忙，但他毕生诊病的心得经验，均随时批注在所读图书的书眉中，遇有效验之方案，亦粘附或移录于医籍后面。从这些眉批、旁注中，可以了解他的医学思想和见解。公旦先生这种至诚至笃、精心造诣的医术大德，何任从小耳濡目染，崇敬有加。在他敏感而聪颖的童心中，自然埋下了厚德载物、良医如水的种子。

何任既没有波澜壮阔的人生经历，也没有大起大落的政治生涯。他出身于比较优裕的中医家庭，靠医技吃饭，凭医德立命，在一个相对平静的港湾中成长为一代名医。

何任 5 岁时，父亲请来一位秀才出身的戴先生，教他四书五经、唐诗宋词，为他打下了比较扎实的古文功底，以至于 80 余年后的今天，他还能把《四时读书乐》从第一句“山光照槛水绕廊”一字不漏地背到最后一句“数点梅花天地心”。同时，戴老先生还教他临习馆阁体巨擘陆润庠的字帖，为此他练就了一手端正、灵动的好字。时至今日，何任还非常怀念这位为他启蒙的慈祥的戴老先生。

八九岁时，何任进入杭州盐务小学。课余，父亲让他读《本草备要》、《药性赋》等，还带他一起采药辨药。大概是世态的炎凉、政局的险恶，使父亲最终还是为他选定了从医之路。

小学毕业，何任以优异的成绩考入省立杭州中学。其间他接受了良好的数理化和英文教育，阅读了林琴南译的《茶花女》、《黑奴吁天录》等大量西方小说。一股追求自由民主、强国富民的西风吹入了他的心扉，铸就了他日后学贯中西、正直博爱的博大胸怀。

1938年，日军侵入浙江，何任全家逃难到浙西山城缙云，靠父亲行医为生。一天大雪时，父亲看到何任自得其乐地在朗诵西汉桓宽编著的《盐铁论》，不由感慨道："甘苦辛酸尝遍否？漫天大雪咏盐时！"可见，在兵荒马乱的山乡苦境中，老人家既在思考一家人的生活出路，又为儿女们涉世不深和今后的前途担忧，其痛苦和希望的复杂心情可想而知。已17岁的何任即刻猛醒，觉得自己应该寻求出路，为父分忧。于是他找来上海的《申报》、《新闻报》等，浏览上面大量公立、私立医学院的招生广告。在母亲子承父业的授意下，他决定报考当时上海唯一的中医学院——新中国医学院的二年级插班生。该学校在上海租界之内，当时上海四周已沦陷。何任携了一只藤编衣箱，翻山越岭，经永康、嵊县到宁波，再乘轮船到上海“孤岛”，一路风餐露宿，屡遭险情，吃尽苦头。考插班生，除作文之外，重点是中医专业课的考试。

当时的考题为《论〈伤寒论〉六经》，题目极大、极活、极泛。何任凭已有的中医功底，从六经提纲讲起，对本病、坏病，正治、反治及各经主方全面论述，发挥得恣肆洒脱，淋漓尽致。结果，他以插班生第一名考入。该校一年级课程是国文、医史通论、中药方剂等；二年级课程是国文、医经、伤寒杂病、温热病、中药方剂等；三、四年级是伤寒杂病论、温热时病、医化学、药化学、生理学、解剖学，以及中西各门临床课程和见习、实习。教师都是当时上海有名的中西医师，如谢观、丁仲英、祝味菊、徐小圃、秦伯未、章次公、包识生等。教材系主讲教师自己编写，有油印的，也有铅印的。学院外还有余庆桥附属医院、药圃、病房、化验室、手术室等。

1929年，国民政府颁布了一个《规定旧医登记原则》的文告，其以登记为名，取消为实，目的在于摧残迫害历经千年的中医药事业。后因全国中医药界强烈抗议，有关部门被迫取消了这个规定。虽然“规定”被撤销，但还是留下了后遗症。一段时间里，就诊中医者锐减。在这样一种形势下创办的中医学院，其经营者的苦心和毅力可想而知。这令何任至今感佩不已。

在新中国医学院的小院，栀子花在夜色的轻纱中喷发出醉人的浓香，一弯新月撒下淡淡的清辉。轻风中摇曳的竹叶，在庭院上投下一片片细碎的光斑，就像银子在跳跃。这充满诗情画意的月夜和远处洋场舞厅里闪烁的霓虹灯，丝毫没有让年轻的何任心猿意马，心有旁骛。他每晚挑灯夜读，枵腹笔记。神奇的中医学使他如醉如痴。这时，院墙根传来的“火腿粽子”、“五香茶叶蛋”等沙哑的叫卖声，又激起他为中华民族复兴、为穷苦百姓效力的心焰。他刻苦学习的精神和温良谦恭的品德为同学所佩服，大家一致推举他担任年级级长。

春去冬来，暑寒交替。何任细读了大量的中西医书，如《临证指南医案》、《东垣十书》、《景岳全书》、《类证治裁》、《温病条辨》、恽铁樵的《药庵丛书》、丁福保的《肺病指南》、张崇熙的一整套西医基础到临床的书籍，以及外文类西药图书。他还潜心研读了《伤寒论》各家注、《金匮要略校注》、《金匮要略衍义》、《金匮要略心典》及《类经》、《脉经》，为日后成为“中国研究《金匮要略》第一人”奠定了坚实基础。此外，他利用寒暑假时间，到四明医院学习西医诊断及治疗。可以说，他是中西医结合治疗的先驱者之一。

1940年，何任读完了二三年级课程，开始四年级实习。当时抗战正处于艰苦阶段。他看到上海“孤岛”上富豪权贵灯红酒绿，而贫苦百姓饿毙街头，不禁感叹“朱门酒肉臭，路有冻死骨”。他决定离开上海，回缙云乡下随父实习。

何任回到缙云不几天，就高烧便血，生命垂危。幸亏父亲的辨证治疗，使他逃过一劫。不久，父亲通过病人介绍，让他到永康县的两浙盐务局医务室实习谋生。时逢战乱，急性传染病频发，以天花、麻疹、猩红热、伤寒、副伤寒等居多，内科、妇科、儿科诸病亦不少。何任一人独当，中西并用，往往使患者逢凶化吉。

由此，他也积累了不少的经验，并将素材整理成病案，从中医理、法、方、药上加以探索研究，写成了《中医诊治急性传染病之实践》的毕业论文，寄去母校。没过多长时间，他就收到了新中国医学院的正式毕业文凭。

战乱良医　创办函授

由于战事迫近，盐务局又从金华永康迁至浙闽交界的大山中的龙泉县。盐务局凭“稽核”特权，财力雄厚，在城郊金沙寺依山建了一批砖瓦房。何任一到，就有不少慕其父亲医德医术的患者纷纷来请他看病。他笑脸相迎，大显身手，很快就治好了数例妇女新产以后的痉、郁冒、大便难等“疑难之症”，从此声名鹊起。后经人力邀，他在县城租房开设了“何氏医庐”，求诊者应接不暇。这时，由于日本侵略军在衢州等地实施细菌战，造成龙泉鼠疫流行，每天都有人死亡，全县人心惶惶。何任不顾个人安危，坚守疫区，查阅大量中西资料，独创中医防治方案，并与当时一个国际医疗队合作，治好了一些病人。《湛园医话》一书中就有何任成功治愈鼠疫的医案：

“某青年之‘腺鼠疫’，按《巢源》‘恶核’以清热解毒，活血化瘀，并参照《金匮要略》‘阴阳毒’治法处理而愈。”

此外，当时龙泉还流行无名高热不退、头痛类似重流感等杂症，患者大都是贫困山民，犯病时撞墙、滚地，而无钱治疗。何任感同身受，济世之情油然而生。他创制了退热解痛的“青苏散”，自己出钱购药，交当地药铺按方制作，不收钱或少收钱分发，治愈了不少患者。龙泉以青瓷、宝剑闻名，病家赠他数柄龙泉剑，以表谢治之恩。

就在他跋山涉水、走村串户为民治病时，住在缙云的父亲不幸身染重病。当时，缙云舒洪有个仁岸村，村民亦姓何。何公旦先生应邀去看族谱，得知自己是太公辈分，高兴地抹须大笑，于是欣然答应留下为他们续修宗谱。一天进食牛肉后，何公旦发生痢疾，当地又处穷乡僻壤，医疗卫生条件极差，不日就神志昏迷。何任从龙泉赶到后，以德国拜耳公司生产的痢特灵加服中药医治，结果仍如药泼石上，回天乏力。一代名医，就此客死他乡。父亲逝世后，暂厝缙云，千人悲恸。何任强忍悲痛，毅然返回龙泉，奔走防疫，看病济世。他这种忘我的济世爱民精神，至今还在老一辈的龙泉人中传诵。医界亦因此称他为“南国伍连德”。不久，他的母亲及四姐也来到龙泉，看家助医，兼做善事。一直到日本侵略者投降，一家人才一起离开龙泉。

在龙泉时，何任独宿平屋，往往在夜深人静之时，推窗遥望松林间高挂的明月。伴随着一片松涛声和松果落地的“嗒嗒”微响，孤寂和惆怅不禁盘桓全身。夜凉如水，年长怀友，一艘渴望爱情的心船从何任心海中升起，并撑起了寻爱的风帆。经盐务局同事介绍，何任认识了小他 4 岁的浙江大学中文系学生陆景涛。当时浙江大学为避战乱，亦从杭州迁至龙泉。陆女士身材苗条，容颜秀美，特别是一双水灵的凤眼，透露出无尽的善良和才华。她虽出身名门望族，但对人坦率真诚，从不矫揉造作。两人一见钟情，可谓有缘。

此后，何任经常去城郊的坊下曾家大屋浙大分校看望陆女士，陆女士又依依不舍地送他回城。每逢傍晚，在乡村小路上，两人牵手细语，仰望星月，共吟“嫦娥应悔偷灵药，碧海青天夜夜心”。在这硝烟弥漫、清苦如僧的战时环境中，两个浪迹异乡的青年人穿越时空，超脱金钱，开出了浪漫而崇高的爱情之花。

1944 年，何任和陆景涛就订婚了，但是因战乱、物资匮乏，以及两人对婚姻的慎重和严谨，婚礼迟迟没有举行。直至日本投降后的 1946 年初，两人回到杭州，才在西湖边的望湖厅举行了婚礼。婚礼很隆重，邀请了陆景涛的大学老师郑晓沧、夏承焘、陆维钊等名士大家参加，酒桌、彩炮、花门一应时尚高档。婚礼后，两人相濡以沫，相敬如宾，携手踏上了漫长的休戚与共的人生旅程，书写了感人至深的金婚典范。

婚后，陆景涛仍在浙大读大三，没有收入，还需供读，整个家庭重担都由何任挑着。抗战胜利后，盐务局回迁到杭州金衙庄原盐运使衙署旧址办公。何任虽仍然挂职在盐务局医务室，但工资菲薄，再加币值多变，物价飞涨，月月寅吃卯粮，入不敷出。于是他产生了搞“第二职业”的想法，并得到陆景涛的支持。最方便的就是开个私人诊所。当时杭州城稍有点名气的中医，都自备黄包车和车夫，出诊时一领司力斯长衫，一副金丝眼镜，一双英国考克斯皮鞋，夹只法国威登牛皮包，坐在零件锃亮的黄包车上，招摇过市。行人敬仰，称之为“医官”。但是，这些人基本上都是为中上层的大户人家服务的。大量穷苦百姓哪里出得起看病钱。他们小病扛，大病拖，求神拜佛，弄点香灰当药吃，吃好了算命大，吃不好只得“上西天”。

当时盐务局旁有条穿杭州城而过的东河，河边有几家“金汁行”，俗称“马子行”，就是做粪便生意的商行。行里雇了一批挑夫，每天走街串巷，到人家里去倒马桶，收集粪便，挑到河边，倒入停靠的船中。这些挑夫是城里最底层的苦力，他们赤脚草鞋，短裤背心，长年受粪便浸沾，毒气攻身，双手都是痈疮，双腿静脉曲张，像小蛇样爬满腿肚，没钱医治，还得一瘸一拐地挑粪，甚是可怜！何任看在眼里，酸在心头，心想怎样才能为这些受苦人做点好事呢？他琢磨，如果能在知识平民中培养一些收费低廉的初级中医，为广大的劳苦群众服务，不就能解决这个问题了吗？而机动、省钱的函授教育则是最好的培养渠道。于是，他在1947年创办了浙江第一家中国医学函授社。

为了办好函授，何任每晚编写各种中医学讲义，编写就要参考各种中医典籍，而家藏的医书在逃难迁徙中流失殆尽，怎么办？当时虽然抗战结束了，但社会并不太平，文化医药卫生没人管，图书馆又不开放，要找精编讲义的参考书很困难，他只得到街头巷尾的旧书摊去淘。一次，为了买一本线装的《脉经》，他几乎花了一石米的价钱，弄得家里一时经济很紧张。

凭着俭朴的生活和夜以继日的工作，何任陆续编成了《中医内科学》、《中医妇科学》、《中医外科学》、《医摘便览》、《中西医名对照和治疗》等由浅入深的读物。在编写讲义的同时，他为了普及、提高中医的学习效果和水平，还做了不少中医函授的规范工作，如制订“教学计划”、“招生简章”等，细致严密，顺理成章，显示了其教育管理的才能。当时的函授分初、中、高三级，各以一年为期。招生时分别题试，及格后方能入学；结业则以典型医案和毕业论文通过审阅为据。由于教学认真，质量有保障，函授办出了名，学生闻风而至。上至80多岁的民间中医，下有十几岁的中医迷，大都是山乡农林里有点文化的所谓“草头郎中”。他们只凭识得几种草药，记得几个土方子，就给人看病治病，根本不懂病理药理，碰对了就自吹“华佗再世”，弄错了就被斥为“庸医杀人”。通过系统的函授学习，他们初步掌握了望、闻、问、切的中医诊断方法，以及三焦、六经、阴阳五行的辨证方法，从此走上正规的中医道路。

仅仅半年多，中国医学函授社就声名远播。后应全国各地的要求，何任报请杭州教育局批准备案，在上海《新闻报》、南京《中央日报》等报刊刊登招生广告，并聘请著名中医师汤士彦等当顾问。一石落水，波及弥广，连黑龙江、新疆、海南岛都有许多人慕名报考，鼎盛时函授学员达三四千人。当时，除了上海、北平个别较大的中医函授院校，杭州的中国医学函授社在全国已名列前茅。

殊不知，这样一个有名的函授社，社址就在何任家的小客厅，全社也只有两个人。何任既是盐务局的医生，又是函授社的社长，且教授、职员、杂工一身兼；夫人陆景涛既是浙江大学的在读生，又是函授社的誊印员。何任白天在盐务局上班，晚上办函授，编讲义，批作业，还要答疑。陆景涛则在一旁忙着誊抄，刻蜡纸，油印，封函件。在25W的灯泡下，他们一个称为“何司令”，一个称为“陆参谋”，夫唱妇随，其乐融融，颇有文君当垆、相如涤器的乐趣。为了使讲义尽快寄到学员手里，两人天天忙到深夜，封好函件，贴上邮票后，还要连夜背到湖滨白傅路投入邮筒。信函投出后，两人才感到一身轻松。这时，西子湖犹如入睡的美人，平静无声，只有岸边的法国梧桐，宽大的叶子在微风中沙沙作响。夜是那么的静，心是那么的热，两人牵着手，如孩童般踮步如舞，用英文哼着《红河谷》的曲子，踏着浓浓的月色走在回家的路上。他俩因能为中医事业作点贡献而感到无比高兴和自豪。

艰苦办学　倾心教育

1949年5月，杭州解放。何任深深感到，中医药事业的春天来到了！于是，他毅然辞去了盐务局的“铁饭碗”，在大学路租房，又聘用专职人员，正式挂牌开办了中国医学函授社。不久，杭州市卫生局决定成立第一届中医协会，何任被推选为理事、主任，时年29岁。

为了响应政府希望医生联合起来的号召，何任以他的声望和能力，与陈桐封、毛达文等几位中医成立了杭州市庆春街中医联合诊所。这是当时杭州市的第一家中医联合诊所。草创初期，因无力购房租房，诊所就设在德生堂药店内，主要面向大小工厂，为工人进行中医诊治。诊所打破了自古中医各自悬壶的局面，再加上政府支持，业务一日比一日繁忙，不久又在清河坊街叶种德堂药店内设立分部。随着李培玉、叶耀南、唐福安等名医的加盟，诊所的生意更是日益兴隆。

1952年，何任上午门诊，下午到华丰造纸厂等各大工厂出诊，同时又开始兼授浙江卫生人员训练所的中医课。他忙得席不暇暖，工作超负荷，又饥饱不均，竟得了胃溃疡。开始时，服些简单的药物尚可应付，不久便已形销骨立。作为市中医协会主任的他，总是以身作则，就这样他还是坚持门诊、出诊。

一天门诊正忙，何任突感胃部剧痛，直冒虚汗，只得停诊回家，由夫人陆景涛和中医协会总干事蔡医师陪同，到广济医院就诊。该院是1908年英美教会开办的，一位西装革履的医生只问了何任两句，就要他住院开刀切胃。何任慎重思考，拒不手术，决定自服中药，并请了一位老西医协助，中西医结合治疗。经过一段时间的保守治疗，胃痛渐止，症状日轻。之后他又自服中药养胃，加服西药氢氧化铝乳剂。这样经过半年多的调理、休息，何任的胃病终于痊愈，人也结实有力了。广济医院的西医看到他恢复得这么快，惊讶万分，不禁感叹中医疗效之神奇。

因为生病，何任开办的中国医学函授社就不再招生了，并逐步萎缩，直至停办。但他作为杭州中医教育的开拓者，不仅得到中医界的公认，也为政府所重视。

1953 年底，一个大雪纷飞的早晨，一辆 1940 式的无后厢雪佛莱小轿车（俗称“扁头车”）驶过杭州市泥雪满地的平海路。车里坐着一位白发苍苍的老人，他就是在余杭木香弄开过业的浙沪名中医、时任浙江省卫生厅副厅长的叶熙春。旁边坐着的儒雅年轻人，就是何任。他们要到将军路向市领导汇报中医工作。

何任对叶熙春放开了话题：“巡检世界古医

药史，存在过三大医学体系：中国医学、印度医学和阿拉伯医学。后两个体系由于没有完整的医学理论来指导临床实践，在后起的西方医学体系和新兴的自然科学面前，逐渐失去了生机，终于趋于没落与消沉。唯有中医中药，凭借坚实的理论支撑，历数千年而不衰，为全球五分之一以上的人造福，不能说毁就毁了吧！”何任说这些话时，情绪有些激动。

“何先生，神农尝百草，一日而遇七十毒。只要我们有先人的这种精神，中医会有希望的，毁不了！”叶熙春含蓄而坚定地说。

无风不起浪。车中的这番“隆中对”是有因由的。1952 年前后，卫生部个别领导重视西医，轻视中医，提出了一些限制中医发展的主张。作为杭州市中医协会主任的何任看在眼里，急在心中。经他联络各方，奔走呼吁，杭州市政府明确表态：中西并行，共同发展。

春风又绿江南岸。1954 年，中医政策得到了强有力的贯彻，浙江省卫生厅把卫生人员训练所合并，成立了浙江省中医进修学校，这就是浙江中医学院的前身。何任第一个被邀请进校任教。

1956 年，大学路的老浙江大学全部搬到了城外老和山脚下的新校舍，其旧址就成了浙江中医进修学校的新址。1957 年，何任被任命为副校长，时年 36 岁。

何任执掌学校业务后，力克万难，大展才略。为从全省各地选聘品学兼优的各科名老中医进杭州，光调动、落户就不知伤了多少脑筋，跑了多少腿。在师资缺乏的情况下，他还在第三、四期的毕业生中挑选优秀学员，留校当专职教师。后来，师资逐年增加，以往靠社会上中医师兼职任教的局面明显改观。在全校师生的共同努力下，学校的教学质量、教材编写水平、实验设备、教师宿舍、体育设施等，每年都有很大的改善和提高。特别是图书馆的建设和充实，花费了何任大量的心血。只要听说哪里有好书，他就亲自或派人千方百计去买来。他说："熟读医典三百篇，不会看病成良医。"书不仅是学习的工具，而且是研究的根基。几年后，经过他不辞辛劳的收集，从《黄帝内经》、《神农本草经》之类的老版刻本，到王叔和的《脉经》、王肯堂的《六科准绳》等善本，已达几万册之多。这为中医药研究打下了坚实的基础，为后来浙江中医学院的筹建和发展作出了开创性贡献。

当时浙江大学旧址有200多亩，比较宽敞。中医进修学校使用的只是阳明馆（针灸班用）、舜水馆（研究室）、梨洲馆（学校办公室）、和平馆（作为大小教室）、存中馆（图书馆），还有健身房（兼作礼堂）、求是书院大讲堂、附属斋房（作学生和教工宿舍）。整个学校虽然古旧一些，但有风景秀丽的慈湖（后被填为平地），还有一个大土丘"中山"（又名"钟山"）。何任带领师生在小山下开垦了药圃和菜园，既可帮助学生学习识别中草药，又可在课余种菜养鸡，以改善生活。

浙江中医进修学校成立后，何任轻车熟路地开办了全国第一个中医院校函授部，并刊出了《函校通讯》，影响波及海内外。他说，函授是最省钱、最机动、最广泛的一所没有围墙的大学校。大才是思而知之，不是听而知之、问而知之，所以函授又是最能培养大才的有效途径。此外，在他的主持下，学校还开办了若干期中医师资班，为全省中医业务水平的提高作出了积极的贡献。

何任既是名医，又是中医教育家。他吸取中西教育之长，多渠道提高教育质量，一是将原有教师送到南京、北京等地的中医学校进修提高，二是从外地延聘高年资的中西医师资，三是组织多期西医学习中医班，促进中西医结合。在这样的措施下，一批中医、西医及其他课程的师资逐步充实完备，为 1959 年浙江中医学院的建立做好了基础性工作。

何任以校为家，全家七口人住在校内的慈湖。当时，夫人陆景涛任杭州第一中学语文教研组组长。小女儿何若苹刚出生（后传承父业，为浙江中医药大学教授），家里请了保姆，操持家务兼做饭。在此段时间里，社会相对平静，师生团结，何任度过了一生中最美好的一段时光。

何任除担任领导工作外，还兼授中医诊断学、金匮要略、伤寒论、中医内科学、中医妇科学等课程，撰写备课笔记，组织编写各课教案等。虽然马不停蹄，一饭三停，但他却感到十分充实和愉快。他认为忙是好事，忙说明政府和社会对中医药重视和关注，同时也说明，中医药人员的地位也有所提高。

每当月明星稀之时，忙碌了一天的何任在慈湖长廊边的书房中泡一杯茶，铺开稿纸，开始写作。1956年，出版社约请他写一部《金匮要略》通俗读物，他欣然应允。对中医而言，公认的四大经典为《黄帝内经》、《伤寒论》、《金匮要略》、《温病条辨》，而其中《金匮要略》因年代久远，文义深奥，如能用通俗的语言作扼要分析，以阐发原文的精神，并参酌历代注家精义，贯彻古为今用之旨，以临床实践为依托，文字浅显，说理清楚，作为中医师生及西医学习中医者的进修读物，则功德大焉。

当时，他一则年轻，精力旺盛，二则确实有为中医事业的复兴作点贡献的精神，所以漏夜操觚，乐此不疲。他经常写作至凌晨。长廊上洒满月华影色，湖水一平如镜，映出一轮皓月，远处校舍的灯光如闪烁的繁星，从室内到室外一片宁静。他写一段时间，便踱到栏杆边，吸几口新鲜空气，低声吟咏起张耒《秋蕊香》中“朱栏倚遍黄昏后，廊上月华如昼”等词句，随即精神倍增。在“月光如水水如天”的午夜，万籁俱寂，他每写完一篇，心情是那么的恬适和愉快，竟常常会把《金匮要略》和慈湖作拟人化的联想，深沉、久远、磊落、清纯，做人不也应该如此吗？

1950年之后，为提高中医水平，全国各省（区、市）基本上都开办了中医进修学校。当时人们普遍认为，除了学习中医经典，并正规学习各门中医临床课外，还应该学习西医的解剖、药学、化验和临床各科，中西医结合防病治病，以提高中医的治疗水平。这样的系统学习，显然靠师传、进修、函授是远远不够的。中医正规的高等教育势在必行。1956年，全国建立了北京、上海、南京、成都、广州5所中医学院（俗称“老五校”）。35岁的何任闻风而动，跃跃欲试。他和同仁一起，要在浙江中医进修学校校址、设备、人员的基础上，筹建浙江中医学院。

据《浙江中医学院校史》记载：“1959年9

月，遵照中共浙江省委的指示，在原浙江省中医进修学校基础上，正式成立浙江中医学院。”当时，省里抽调省中医院院长余承勋和何任负责筹建工作。何任请示省卫生厅，将送去上海中医学院西医离职学习中医班学习的 7 人和在南京中医学院师资班学习即将毕业的 6 人都调入学院，得到卫生厅的支持。这样，原省中医进修学校几期毕业留校的人员和省中医院调来的师资，共 20 余人，初步形成了建院后各门课程的师资队伍。建院之初，举步不易，而师资队伍是关键，何任求贤若渴，兼容并包，作出了宝贵的贡献。

建院后，下一步就是如何办好中医学院。在这个问题上，何任集思广益，从善如流。在当时激进的政治氛围中，有不少不切实际的奇思遐想和建言。面对众说纷纭，何任作为筹建中医学院的负责人之一，胸有成竹。他沉稳地推推金丝眼镜，笑眯眯地说：“我受组织委托筹办中医学院，在诸位领导、耆宿前，也是勉为其难啊。刚才大家谈的都有道理，而我个人认为，既然办大学，首先就要以教育研究为宗旨。既然有研究之任务，就应该有中西兼容并包的理念，这样才能取西医之长，补中医之短，发展中国之新中医，而不是抱守老中医。中医要走向世界，必须要有中医的科研探讨。其次既然是大学，就要遵循现代办大学的通例，讲学制，讲规划，不能办成像私塾、书院一样的老古董。另外，按照毛主席德智体全面发展的指示，我觉得不但要学外语，还要增加体育等课，鼓励学生全面发展。如果我们中医学院的篮球队能打赢医学院的篮球队，那不是从另一方面说明我们中医的厉害吗?”他平缓、幽默、柔中有刚的这番话，先是引起了一阵小小的骚动，有抚掌称是的，也有摇头的，但最后基本上得到了大家的赞同。

随后，何任和几个筹建人员去北京，向卫

生部汇报情况，取得了有关领导的支持，并拿到了全国中医学院统一的教学计划。该计划规定，中医学院学制六年。学生有两年时间学政治、外语、西医基础、西医临床，有三年时间学习中医基础及临床各科，还有一年毕业实习。培养目标是“高级中医师”。

在学院领导中，何任分管教学。他对照教学计划所列的课程，四面八方联系奔走，招贤纳才，为专业课、政治、外语、体育课程物色教师，还从浙江医学院及外地大学毕业生中请来西医各科和英、日语教师。不久，何任被正式任命为浙江中医学院副院长，时年41岁。

1963年，国务院批示：浙江中医学院、浙江省中医研究所、浙江省中医院三个单位合并，成立新的浙江中医学院。何任仍任副院长。合并后的学院规模大增，人才聚集，更突出了中医专业教育，修改了教学计划，明确和加强了内经、伤寒论、金匮要略、温病学、中药学、方剂学等中医基础课程，并采取了一系列提高教学水平和学习质量的措施。就1965、1966两届六年制毕业生而论，他们各方面的知识学得比较扎实，以后大多数都成了教授、主任医师及各级卫生部门的领导和骨干。

虽然担任着领导职务，但何任始终亲临教学第一线，给学生讲课，批改作业，带学生临床实习。何任讲授的课程，有中医诊断学、中医各家学说、伤寒论、金匮要略、中药学、方剂学、中医内科学、中医妇科学等。他每上一堂课都认真备课，并十分讲究授课艺术。他的课条理清楚，深入浅出，语言生动，分析透彻，深受学生的好评。何任还非常注意按照中医学自身的特点进行教学，并善于从实践中找出规律，加以总结提高。他认为，中医学院与其他高等院校的教学相比，有其自身的特点。中医不少理论常常是取类比象，还有不少问题难以口授，需在实践中体会、掌握。例如脉象，往往是“心中了了，指下难明”，所以学生在掌握相关基本理论之后，就应该争取早临床、多临床。

早在1956年，何任就在《浙江中医杂志》试刊号上发表中医教学研究论文——《我对中医进修教学工作的几点体会》。文章根据中医进修教育的特点，从教材的选择和组织、备课与讲课、课程内容的科学性和思想性、直观教学的重要性、辅导与互助等方面系统介绍了自己从事中医进修教育工作的实践经验。1964年，何任再次在《浙江中医杂志》发表中医教学研究论文——《中医学院教学工作初探》。该文在前一篇论文的基础上，高屋建瓴，洋洋洒洒，全面深刻地阐述了他的中医教育理念与实践，至今读来仍有较强的启发意义。文章结语写道：“只有继承工作做好了，才更有条件来研究和发展祖国医学。要使中医学院办得更好，能够培养出具有较高水平的中医，对师资方面特别应该注意。同时，应该认真总结教学经验，切实改进教学内容和教学方法，以提高教学质量。为了保证学生真正学好中医课，除了现代医学课程不宜安排过多外，在教学方法上，应该适当结合运用中医传统的授徒方法，不宜采用一般医学院校的教学方法，应该使学生以大部分时间用于中医各科的学习和临床实习。”

何任在教学中十分注意传授学习方法，提出治学应“五宜三忌”，对青年学生很有帮助。这“五宜三忌”是：一宜坚实基础，二宜博采精思，三宜熟读背诵，四宜兼及他学，五宜珍惜寸阴；一忌道听途说，二忌浅尝辄止，三忌贪多务得。1962 年，他总结自己的治学经验，撰写了《谈治学》一文，发表于《浙医校刊》第 206 期上。该文当时在全院师生中引起很大反响，一时间教师以教好学生为己任，学生为学好专业知识而努力，良好的治学精神蔚然成风。

1966年以后的一段时间，身处逆境的何任仍奋力编著，出版了《何任医案》、《医宗金鉴四诊心法白话解》。他还组织学院教师编写出版了《老中医医案选》、《杂病心法白话解》等多种医学著作。1976年以后，何任迎来了新的春天。1977年12月，他被推选为浙江省第四届政协委员；1978年，全国开始评职称，他被评定为首批教授；1979年，他被任命为浙江中医学院院长；1980年，他当选为浙江省人民代表大会第五届常务委员会委员；1988年，他被推选为第七届全国人民代表大会代表。何任以他的政绩和业绩获得了领导和社会的认可与赞许。

笔耕不辍　登峰金匮

苏轼《寄题刁景纯藏春坞》中的诗句“白首归来种万松，待看千尺舞霜风”，是何任六旬后皓首穷经，研几抉微，攀登《金匮要略》研究高峰的真实写照。

优良的家学传承，正规的院校教育，赋予了何任坚实的中医基础，而广博的学识，丰富的阅历，使何任对中医经典及各家学术具有独到深邃的见解。从 1977 年《浙江中医学院学报》（现《浙江中医药大学学报》）创办至今，每期都有何任的学术论文刊出，而且每一篇都有独到的创见，真正做到了“语不惊人死不休”。30 多年来从未间断懈怠，这对一位耄耋老人是多么不易啊！无怪乎人们每次去何任家，常常看到他埋头于堆满了医书的书桌上撰写论文。他说："郑板桥说，'男儿须斗百年期，眼底微名岂足奇'。我一生从医，清简如水，没有遗产，'微名'又如烟。我要留，就要把自己一生对中医研究的成果写出来，留给后代，造福人类，这是我最大的遗产。"

何任在中医药研究中最大的贡献是对《金匮要略》的研究。《金匮要略》是极其重要的古典中医著作，是中医必读的四大经典之一。《金匮要略》又名《金匮要略方论》，简称《金匮要略》或《金匮》，是后汉南郡涅阳（今河南省南阳市）张机著作中重要的一部分。张机，字仲景，约生于公元 2 世纪，在汉灵帝时举孝廉，建安时任长沙太守。他博学多才，聪明过人，曾经跟随同郡的张伯祖学医，并得其真传。张仲景宗族有 200 多人，其于建安年间大疫中死亡的约有三分之二，其中死于伤寒的占十分之七。张仲景引《素问·热论》篇所说时行之气及“夫热病者，皆伤寒之类也”，“人之伤于寒也，则为病热”等学理加以发挥，撰就了伟大著作《伤寒杂病论》。这部书由“伤寒”和“杂病”两大部分组成。《伤寒杂病论》原书早已亡佚，据医史考证，《伤寒杂病论》为16卷。晋代的王叔和加以整理编次，成为《伤寒论》10卷，这是《伤寒杂病论》中的伤寒部分，其中杂病部分当时没有发现。

宋代林亿等校正《伤寒杂病论》，编成《伤寒论》与《金匮要略》两书。从林亿的序文里可以看出，《金匮要略》是从残简蠹遗中发现并整理出来的。《伤寒论》是治疗一切外感病的总诀，《金匮要略》则为治疗一切杂病的专书。这两本书的理法方药成为后世治疗学的主要内容，其中的方剂被后世称为“经方”。

《金匮要略》一书，历代注家都认为原本共有22篇，即自“脏腑经络先后病”篇至“妇人杂病脉证”篇。至于“妇人杂病脉证”篇以后的“杂疗方”、“禽兽虫鱼禁忌”及“果实菜谷禁忌”3篇，均系后人增注，不是张仲景原文，因此一般版本多不列入。

从《金匮要略》的书名看，“金匮”二字，按《汉书·高帝纪》说：“与功臣剖符作书，丹书铁契，金匮石室，藏之宗庙。”金匮石室是存放封建帝王的圣训和实录等的密室，将“金匮”作为书名，表示是重要和值得珍视的东西。“要略”二字，一般注家认为是扼要简略的意思，清人陈念祖认为，“要略者，盖以握要之韬略也”。这都说明历代医家对《金匮要略》的重视。

《金匮要略》一书在治疗上的贡献是极大的，故历代中医都尊称其中的药方为“群方之祖”。书中涉及的病极其广泛，方药也切合实用。例如治疟用蜀漆（常山苗）、治肺痈用桔梗散排脓等，早在两千年前就有这样的发现，实属难能可贵。但该书又是一本文法奇异、医理深奥的古医书，其中的省笔、倒装、通假、异体等，比比皆是。

何任自七八岁就接触《金匮要略》，又经上海新中国医学院四载寒窗的正规学习，再加上自己几十年的学医、行医经验，对《金匮要略》纵横关联，条分缕析，把“死书”变成了当代人可以畅读的“活解书”。因此，称何任是当代“《金匮要略》之父”，实莫为过焉。

1956 年，何任以《金匮要略》为研究重点，开始了自己的探索之旅。1958 年，何任正式出版了中华人民共和国成立后第一部《金匮要略》读物——《金匮要略通俗讲话》。该书以白话形式，对《金匮要略》原文进行全面阐释，极大地方便了初学者学习。这在《金匮要略》流传史上，亦是第一部白话文著作。接着，他又整理出版了《金匮要略归纳表》，第一次以图表例示的形式全面概述《金匮要略》之学术体系与要点，全书提纲挈领，精要独到。

1982年，由何任编撰的《金匮要略新解》出版。该书以《金匮要略》历代注解为依托，结合他30余年研究《金匮要略》的心得和临床实践经验，并联系《黄帝内经》、《伤寒论》等经典，不但提出了许多崭新的见解，而且也为《金匮要略》研究提供了崭新的思路。

1985年，何任编撰的供西医学习中医及短期学习中医使用的《金匮要略提要便读》、《金匮要略讲义》二书出版，这为《金匮要略》的教材编撰探索了一种沿用至今的范式。同年，应日本汉方医学界及东京医药专门学校的邀请，何任前往日本讲学，并为日本学者作"《金匮要略》之研究"的学术报告。他深邃的研究，丰富的成果，生动的报告，深得日本学者的尊奉与推崇。

1991年，何任受国家中医药管理局委托主编的《金匮要略校注》、《金匮要略语译》二书出版。其中《金匮要略校注》获国家中医药管理局科技进步二等奖（部级），成为现代校注《金匮要略》的最权威版本，并由此确立了何任的《金匮要略》学术权威地位。同年，《金匮要略新解》日文版作为日本医生学习中医的教材，亦由日本东洋学术出版社出版发行。

1992年，何任主编的《金匮要略百家医案评议》出版。该书为学习者更好地将《金匮要略》之理法方药运用于临床，提供了直接借鉴的途径。而之后收于《何任临床经验辑要》一书中的《金匮燃犀录》，通过摭拾历代名家探究《金匮要略》之卓见，并酌加按语，把《金匮要略》的研究推向了更高的层次。

2008年，何任主编的《金匮要略临证发微》一书出版。该书以临证运用经方的体会来探究《金匮要略》方的运用规律，探微索隐，解疑释惑。

何任不仅研究《金匮要略》，研究经方，而且善于运用经方。他认为，经方源于实践而又经千百年临床之反复验证，组方有法，配伍有制，用药轻灵，实用性强，多是有效良方。只要运用得当，疗效必显。他常用小青龙汤治疗老年慢性支气管炎、肺气肿，用芍药甘草汤治疗脘腹部痛证，用复脉汤治疗心衰早期及舌有裂纹，用半夏厚朴汤治疗甲状腺腺瘤、颈淋巴结肿大等，用黄芪建中汤治疗结核病及胃下垂，用大柴胡汤治疗急慢性胆囊炎、胃炎，用猪苓汤治疗蛋白尿，用甘姜苓术汤治疗多年不愈之腰冷痛，用金匮肾气丸治疗慢性肾炎，用温经汤治疗宫寒瘀滞之功能性子宫出血，用胶姜汤、桂枝茯苓丸治疗子宫平滑肌增生，用桃仁承气汤、调胃承气汤治疗瘀滞所致的精神分裂症，用风引汤治疗癫痫，用四逆散治疗情志病，等等，均取得显著疗效。

提及何任在《金匮要略》方面的学术成就与地位，还有一段广为流传的故事。1988～1993年，在每次全国人民代表大会会议期间，北京的董建华、刘渡舟和浙江的何任三位中医界代表聚首，总有说不完的话、讨论不完的问题。一日，全国人大常委、名老中医董建华院士郑重其事地问道："何老是全国'金匮'方面的顶尖专家，人在南方；刘老是全国'伤寒'方面的顶尖专家，人在北方。《伤寒论》、《金匮要略》本属一书，以后在人大期间，我们东直门医院每年都把你们二老一同请去义诊，可称'南何北刘'，均是'经方大师'。"从此，"南何北刘"的称呼便在中医界广为传颂，成为又一段杏坛佳话。

博采众家　擅治杂病

何任精研《金匮要略》，以《金匮要略》为学术之核心，但又始终尊奉各大经典，融合诸家学术。《内经》原文，他朗朗上口；温病学说，他运用自如。如对湿温之证，他辨证治疗多运用江南温病学派的法则，轻清渗解。何任认为："湿温乃湿热之邪所致的热病，故其辨证亦以卫气营血与三焦为要点，一般同温病辨证。即疾病初起，邪在上焦和卫分，尚属轻浅；随着病症演变，则入中焦与气分，其病情渐见转重；若病邪进而深入下焦或营血分，此时病已深沉。""初起内外合邪，湿遏卫气时，宜芳香宣透以化表里之湿。表证解除后，则宜宣化气分湿浊，并视症状兼佐清热。"

对于内科杂病，何任揽历代各家，兼收博采。如对头痛之治，他极为推崇《此事难知·诸经头痛》的辨治心得。他说："头痛之治，余认为《此事难知·诸经头痛》之说虽嫌笼统，但颇可作临诊用方用药之参考。"而对喘证的治疗，他又综合诸家，实喘，用《伤寒论》之小青龙汤或《金匮要略》之苓桂术甘汤；虚喘，用《太平惠民和剂局方》之黑锡丹或《卫生宝鉴》之人参蛤蚧散；寒喘，用《医心方》之覆杯汤等。

何任学得正传，一贯倡导弘扬中医学之真谛，临证治病强调辨证施治，遣方用药则注重立法施方，即辨证而立法，依法而用方，方随法施。因此，他在临证时总是先耐心认真地听取病人主诉，继而综合分析四诊的主要症状，八纲辨证，针对病变之根本所在，确立治疗法则，然后依法施方。例如其治火郁心烦之证，见心烦而兼少气者，治以清宣郁热，佐以益气和中，方用栀子甘草汤；若见病初愈而劳复，余热复聚之心烦者，则治以清热除烦，佐以宽中下气，方用枳实栀子豉汤；若心烦而卧起不安者，则治以清热除烦，行气除满，方用栀子厚朴汤；若心烦而胸闷腹泻者，则治以清上温下，方用栀子干姜汤，等等。总之，何任治病，立什么法，施什么方，法规严谨，医理明昭，颇有仲景遗风。

药少用精，组方严密精炼，这是何任临证遣方用药的一个特点。综观其所用之方药，多在 9 味左右，5～7 味亦常见，一般不超过 11 味。如其治疗血管性头痛、神经性头痛、偏头痛之经验方，药仅 5 味，而功效熔祛风散寒、活血通络、养血止痛于一炉；治疗慢性胆囊炎之经验方，药只 7 味，而功效集平调寒热、升降阴阳、理气降逆、渗湿止痛于一体；治疗急慢性胃炎之经验方，药只 8 味，而功效具理气和胃、散结消痞、养血和营、缓急止痛，等等。

临证应用，多获佳效。他认为，医之用药，犹将之用兵，不在多而贵在精。

何任临证遣方用药，不但善用经方，而且着意于博采众长，择善运用历代各家名方、时方、验方及现代研究之成果，旨在撷古采今，相得益彰，务求实效。如其常用宋代名家钱乙之六味地黄汤治疗肾虚所致的干燥综合征、糖尿病、尿频尿急等；用李东垣之龙胆泻肝汤治疗肝胆湿热上扰之眩晕症，用当归六黄汤治疗阴虚盗汗症，用补中益气汤治疗中气不足之脱肛、慢性泄泻及耳鸣失聪；用王孟英之甘露消毒丹治疗急性黄疸型肝炎及急性肠胃炎；用傅青主之定经汤治疗妇人月经失调，用完带汤治疗脾虚不运、湿浊下注之带下，等等，常获满意疗效。又如，现代研究表明，猪苓、薏苡仁、藤梨根等，有较好的抗癌作用。何任常将此类药物应用于癌症病人，尤其把薏苡仁等介绍给广大肿瘤病人，作为他们的理想食疗之品，服用者无不受益。此外，凡适宜于手术治疗或放、化疗的癌症患者，何任常常鼓励他们及时进行手术或放、化疗，并结合中医药治疗。实践证明，采用中西医结合治疗癌症，是目前最理想和行之有效的方法。何任认为，一个人的聪明才智是有限的，每个人均有自己的长处和不足，只有博采众长，才能有利于临床疗效的提高和中医学的发展。正如他在《江南中医学家的成就及其盛衰之探索》一文中指出："中医人士本身要努力奋进……必须择善而从，不善则改，精益求精，不存疆域异同之见。"

内科杂病中，何任尤擅长胃病（如急慢性胃炎、胃与十二指肠球部溃疡等）之诊治，不但疗效显著，而且颇有心法。他认为，诊治胃病之要，应着重于"和调"二字，即以调和为治疗大法。盖胃居中焦，承上启下，主受纳和腐化，为"水谷之海"；又与脾互为表里，司运化而濡养周身，共为"后天之本"；又升清别浊，而为精气升降运动之枢纽。胃气以和降为顺，以通为用，顺其性则安，逆其性则病。临床上胃病常见之证候，如胃脘疼痛、胀满不适、呕逆、嗳气，或恶心、呕吐、纳滞等，多系胃气不和，失于通降所致。故治疗应着重于调和胃气，以复其和降顺达。脾胃之气和降顺达，则诸症自能得解。

基于胃气以和降为顺之性，结合临床常见之证因，何任设理气和胃、散痞和胃、养阴和胃、健中和胃四法，分而治之，每能奏效。

理气和胃法：适用于胃病因情志不舒，肝郁气滞，逆而犯胃，致胃气不和，通降失调，而见胃脘疼痛、胀闷、嗳气、大便不畅、苔白或白厚、脉弦等。此类病人，常因心情不畅而易发易重。基本方：柴胡 9g，制香附 9g，金铃子 9g，绿萼梅 6g，陈皮 6g，白芍 15g，炙甘草 9g，延胡索 9g，蒲公英 15～30g。随症加味：恶心，加姜竹茹 12g；泛酸，加煅瓦楞子 12g；

纳滞，加焦六曲 9g，鸡内金 9g；便闭，加生大黄 3g；便黑，加炒地榆 9g，仙鹤草 20g；口干，加川石斛 15g；疼痛剧烈者，酌加五灵脂 9g～15g，制刺猬皮 9g。是方以柴胡、制香附、金铃子疏肝解郁，陈皮、绿萼梅理气和胃，芍药、甘草、延胡索缓急止痛，蒲公英清肝胃郁热而消炎止痛。诸味合用，共奏理气和胃止痛之功效。凡胃病以上述脉症为主者，投之多获显效。

散痞和胃法：适用于胃病因误治或饮食等伤及脾胃之气，邪热乘虚内犯，脾胃不和，寒热错杂，虚实互见，升降失常，气机痞结中焦，或脾胃气虚，和降失常，气机痞滞所致之胃脘胀满不舒，或如有物滞塞，噫嗳不爽、干呕时作、纳滞、大便干稀不调、苔白、脉弦或濡等。基本方：姜半夏 9g，干姜 6～9g，黄芩 9g，黄连 3g，太子参 15g，川朴 9g，陈皮 6g，白芍 15g，蒲公英 15～30g。随症加减：便闭，黄连减量，加生大黄 3g，或火麻仁 15～20g；便溏，便次较多，加苍术 12～15g；干呕频作，加沉香曲 9g；纳滞，加焦六曲 9g，鸡内金 9g；伴隐痛者，加延胡索 9g。是方以半夏、干姜、陈皮、川朴辛开温散，和胃降逆以消痞；佐黄芩、黄连、蒲公英苦寒降火以清热结；辅以太子参、甘草、白芍等补中益气，扶正祛邪。全方辛苦并用以顺其升降，寒热并进以和其阴阳，补泻同施以调其虚实，立意周全而旨在调和胃气，复其升降，达到散痞和胃之目的。凡胃病以胀满不适且不痛为主者，加减治之，屡用达效。

养阴和胃法：适用于郁热伤阴，胃失濡养，和降失常而致胃痛隐隐、口干咽燥、大便干结、舌红少津、脉细之症。基本方：北沙参 15g，麦冬 15g，当归 12g，生地 15g，枸杞子 15g，白芍 15g，炙甘草 9g，蒲公英 15～30g，延胡索 9g。随症加味：大便秘结，加火麻仁 15～20g；泛酸，加煅瓦楞子 12g；便黑，加炒地榆

9～15g，仙鹤草20～30g。是方以“一贯煎”养阴和胃，佐芍药、甘草，既可酸甘育阴，又能缓急止痛，再辅以延胡索、蒲公英止痛清郁热。诸药合用，共达养阴和胃之功效。凡胃病胃痛隐隐，伴口干咽燥、舌红、便干等症状者，用之常获佳效。

健中和胃法：适用于脾胃虚弱，和降乏力，或中阳不足，脾胃虚寒，升降失和所致之胃脘隐痛，缠绵不已，喜温喜按，空腹痛甚，得食痛减，神疲乏力，或泛吐清水、大便溏、苔白、脉弱之症。基本方：黄芪15～30g，白芍15g，炙甘草9g，干姜6～9g，乌药6g，党参15～20g，茯苓15g，延胡索9g，蒲公英20～30g。随症加味：泛吐清水较多，加姜半夏9g；泛酸，加吴茱萸4g，煅瓦楞子12g；纳差，加炒谷芽30g，鸡内金9g；便溏，加苍术15g。是方以黄芪、党参、茯苓健中益气，佐干姜、乌药温中散寒，辅以白芍、炙甘草、延胡索、蒲公英缓急止痛。诸药合用而有健中和胃止痛之功效。

何任治疗胃病，白芍、炙甘草、蒲公英三味是必用之药。他认为，芍药甘草汤既能和胃健中，补虚泻实，又能养血益阴，缓急止痛。蒲公英性味甘苦而寒，入肝胃二经，功效以清热解毒、散结消肿见长，并有良好的抗菌消炎作用，既可补脾和胃，又能清热消炎等，与芍药、甘草配用，相得益彰。三药与其他药辨证加减，治慢性胃炎等，常能获得满意疗效。

肿瘤是危害当代人生命健康的重大疾病。何任认为，肿瘤的治疗应采取中西医结合的方法。而中医中药的治疗，则应遵循“不断扶正，适时祛邪，随证治之”的十二字法则。所谓“不断扶正”，就是指治疗自始至终要扶助正气，培益本元，提高病人的抗病能力。他认为，肿瘤之所以发生、发展，其根本在于人体正气的虚衰。只有在人体正气虚衰的前提下，各种内外邪气才可能侵袭人体，并不断积聚变性，形成瘤毒肿块，从而产生肿瘤，并不断发展恶化。因此，在治疗肿瘤时，何任强调自始至终“不断扶正”。“不断扶正”之方法，在临床上又细化为三种，即益气健脾、养阴生津、温阳补肾。所谓“适时祛邪”，就是在“不断扶正”的基础上，根据肿瘤的病程、邪正的演化以及病机的转归情况，适时地投用祛邪药物，从而达到邪去正安，体平气和。何任认为，在肿瘤的发生、发展过程中，虽然正气是其中的决定性因素，但是作为矛盾的另一方，邪气的存在，亦会不断销蚀人体正气，促进肿瘤生长转移，从而影响疾病的进程，有时甚至会成为这一过程的决定性因素。因此，在治疗肿瘤时，必须在“不断扶正”的基础上，适时地投用祛邪之品。根据肿瘤的不同阶段、不同证候以及其他西医治疗方法的运用情况，中医祛邪之法亦有所不同。从临床实际来看，祛邪大致可分为清热解毒法、活血化瘀法、化痰散结法、理气解郁法四种。当然，在临床中这四种方法常常交叉配合使用。所谓“随证治之”，是指在综合考虑肿瘤疾病的基础上，在“不断扶正”、“适时祛邪”原则指导下，依随病人就诊时所出现的各种证候表现及体检指标，有针对性地辨证治疗。何任认为，同种肿瘤，不同的病人，或同一病人在不同时间、不同阶段及不同治疗方法之后，可能出现不同的证候，或不同的体检指标。在这种情况下，不能采用同一治疗方法，而应根据病人就诊时所出现的各种证候及体检指标，灵活地辨证治疗，这就是“随证治之”。如肝癌病人出现明显黄疸，生化指标显示肝功能和血清酶学异常，那么就应去湿热、退黄疸，尽快恢复肝功能及血清酶学指标。

精于辨证　长于用药

何任在对四大经典、金元诸家、明清专著披阅摘记和融会贯通的基础上，善于在临床中实际运用。精于辨证，长于用药，是何任临证之特色。

临证之时，全神贯注。《素问·宝命全形论》云："凡刺之真，必先治神。五脏已定，九候已备，后乃存针。众脉不见，众凶弗闻，外内相得，无以形先，可玩往来，乃施于人。"何任认为，此中虽然是说针刺之道，然医生临证，亦应如此。疾病表现，隐奥细微；医生临证，审谛覃思。倘若医生临证时稍有不慎，疏漏万一，便会错失全局，而病人生命可能就会毁于尔手。故他每次临证时，不带手机，也不允许旁人高谈阔论，接听电话。其诊病开方之时，甚至学生也不能随便提问。“病人找你看病，就等于把他的生命完全交给了你。作为医生，此时只应全神贯注，竭尽全力救治病人。只有这样，才无愧于医生这一神圣的称号。”这就是何任经常告诫后学的感人之言。

诊病之时，四诊合参。《难经·六十一难》云：“望而知之谓之神，闻而知之谓之圣，问而知之谓之工，切而知之谓之巧。”何任认为，《难经》将望、闻、问、切并列论述，乃明示四诊合参之意。在诊病之时，因疾病各异，望、闻、问、切虽时有侧重，但四诊合参，势在必然。尽管古代医著、现代教材屡有舍证从脉、舍脉从证之谓，有些医生、教师亦常常将此挂在嘴边，以示不凡，甚至单凭脉诊治病，但这毕竟为数极少，且亦可说是四诊合参之后的一种选择，并非诊病之初就可持有舍证从脉或舍脉从证之心。而且，在更多时候，当证、脉不一致时，往往是病证复杂，或虚实夹杂，或寒热交错，或表里同病，此时更应四诊合参，综合考虑。

辨证之时，首重八纲。近人祝味菊《伤寒质难》云："所谓'八纲'者，阴阳、表里、寒热、虚实是也。古昔医工观察各种疾病之证候，就其性能之不同，归纳于八种纲要，执简驭繁，以应无穷之变。"何任认为，辨证之法，除八纲之外，虽还有气血津液辨证、脏腑辨证、六经辨证、三焦辨证、卫气营血辨证、经络辨证等方法，但临床运用最多、最有指导意义的应该还是八纲辨证。何任辨证，首重八纲。他认为，现在教材、临床上似乎有一种倾向，即辨证越分越细，以为辨证越细就越精确，其实不然。辨证过细，就可能一叶障目，顾此失彼，甚至丢失整体观念这一中医之精髓。

治病之时，兼顾邪正。《素问·评热病论》篇云："邪之所凑，其气必虚。"《素问·刺法论》

篇又曰："正气存内，邪不可干。"此二文为历代关于疾病发生之最经典、最精要的论述。何任对此深有感悟，并时时运用于临床实践之中。他认为，祛邪与扶正，两者虽然方法不同，但却相辅相成，相互为用。扶正，可以补益正气，增强机体抗御和祛除病邪的能力；祛邪，能够消除病邪对人体正气的侵袭和损耗，有利于正气的保存与恢复。特别是对于肿瘤等慢性危重疾病，何任对扶正祛邪兼而顾之更是强调有加。"不断扶正，适时祛邪，随证治之"，何任治疗肿瘤的十二字原则，即是"治病之时，兼顾邪正"的最好体现。

用药之时，力求准确。清人徐灵胎《医学源流论·用药如用兵论》有云："以草木之偏性，攻脏腑之偏胜，必能知彼知己，多方以制之，而后无丧身殒命之忧。"故正确辨证之后，处方用药为临证之关键步骤。何任认为，用药必须力求准确，而要达到这一目的，又必须注意以下几点：

（一）以经方治病，须按原方配伍，力求准确。何任认为，经方用药有严格规律。他常常举例说："用大承气汤就得按'四黄、八朴、五枳、三芒'的比例。如果少其中的芒硝，那就不能说用大承气汤，而是用小承气汤。看待这个问题日本汉医比我们认真……"意思是说，要么你准确地运用经方，有针对性地辨病、辨证；要么不要说你用经方，只能说是你个人的经验方。比如泻心汤，某一味药的用量加大，或为主药，可分为半夏泻心汤、生姜泻心汤、甘草泻心汤等。各方亦有一些增损，并各有其适应证，不可混用。比如用复脉汤治"脉结代，心动悸"，9味药中，不能少麻仁的滋养，且应于全方之外视病人习惯，适当加酒入水煎，如此收效要好得多。又如用经方黄芪桂枝五物汤治痹证，断不能在方中加甘草，因为本方是桂枝汤去甘草倍生姜加黄芪而成，是治疗阳气不足、营卫不和所致痹证的。证之临床，如本方加甘草，效果常不好。可见，用方用药准确，方能切中病机，这是提高疗效的重要因素。

（二）用时方或其他医家方，必须掌握其特点，正确使用。“时方”习惯上指的是经方以外的各家治温热病方，如三仁汤、清营汤之类。这些方剂基本上是结构完善的，一般宜全方使用，不可过多增减。至于内科、妇科等其他方，亦都融贯当时医家之经验，不宜擅自改动。如妇科中的完带汤，是明末清初医家傅青主经验之结晶，用于治疗脾虚带下确有显效。而方中白术一两、山药一两，都较其他药量为重，用此则必须用全方，白术、山药亦必须用足，即各 30g，效用方明显。又比如用千金苇茎汤，除了照原方比例，用薏苡仁半升（现用 15～30g）、瓜瓣（即冬瓜子）半升（15～30g）、桃仁 30 枚（约 9～15g）外，主药苇茎原是用苇的嫩茎 2 升煎汁，放入他药，像这种难配到的药，则可以用鲜芦根30g以上煎汁代替。总之，有些古方经过反复实践，其药物配合甚好，还当推崇使用全方。

（三）熟习方药，运用时才能得心应手。何任常说：“药物之能治病，总离不开祛除病邪，协调脏腑，纠正偏颇，和调阴阳，恢复元气。故而熟习药物，先当明白标志药物性能之性和味，反映药物作用部位之归经，指示药物作用趋向之升、降、浮、沉以及有毒、无毒、用量等。这必须经过一定程度的熟习和一定时间的实践，方能了然。”“对于方剂，从古到今，医书所载，何止千万。即从《内经》的半夏秫米汤、四乌鲗骨一藘茹丸，至《圣济总录》、《圣惠方》、《太平惠民和剂局方》，至今仍为现代医家常用。医生应熟记各家名方，用时方可探囊取物，信手拈来。我们常用的《局方》二陈汤、逍遥散、参苓白术散，刘河间的天水散，李东垣的补中益气汤、朱砂安神丸，朱丹溪的越鞠丸、保和丸、大补阴丸等，都是配合极好的名方。至于明清各医家的名方，更是不少。如王清任的诸逐瘀汤，对其组成药物、用法、功效、主治、适应证和方义，都应熟悉了解。用得恰当，远比临时凑合的方子效果好。”

精于辨证，长于用药，何任的这一临证经验，使他的医术达到了出神入化、得心应手的境界。这里仅举两个病例。

嘉兴病人沈某，男，45岁。1991年4月被医院确诊为胆囊癌晚期肝浸润，认为已无法医治，并预言只能存活20天左右。经朋友介绍，前来何任处求诊。何任详细诊察，精心辨证，以扶正祛邪蠲痛法立一处方。病人服用7剂后，即觉症状明显好转。续服4月后前往原医院检查，癌肿完全消失。两个月后即照常上班。后长期间断性服药，至今已过去近20年，病人依然健康。2008年10月，浙江电视台前去采访，沈某反复赞颂：“何老可真是华佗再世，是真正的大医。我现在这条命就是何老给的呀!”

河南病人刘某，女，22岁，身材高挑，模样俊俏，正在一模特班培训，欲参加某项全国模特大赛。然患精神分裂症多年，时常发作，不时歌吟啼哭，烦躁恚怒，甚则割腕自杀。病人家属经多方打听，于2007年11月由其母亲陪同前来求诊。何任面带微笑，耐心细致地倾听病人及其母亲的叙述后，为病人开了两个处方，叮嘱隔周交替服用。经过一段时间治疗，病人病情得到了有效控制。病人及家属感激万分，前来跪谢何任的大恩大德。何任真诚地说:“这是我应该做的。医生就是要想尽办法治好疾病。”

妇科治验　其来有自

除擅治内科杂病，何任对妇科疾病的诊治亦是得心应手。对妇科经带胎产诸证，何任尤其推崇陈素庵、傅青主的辨治经验。他认为："概论妇科各病者，始于宋代陈自明《妇人大全良方》。该书承袭前代医学学说，博采诸善，附以家传验方，为后世妇产科奠定了基础……其后颇为闻名之妇科佳著，当推《傅青主女科》。其立论定方，均不落古人窠臼。用药纯和，无一峻品；辨证详明，易于了解。对后世妇科临床，影响深远。"

对于妇科病的治疗，何任强调应按照"治病必求于本"的总则。在具体治法上，除采用一般的调气血、和脾胃、补肝肾方法外，他还非常重视调经、补奇经、和气三者。他说："一者治妇人诸证，总于诊断中注意月经情况，而于治疗中重视调经。宋高宗时太医陈沂曾谓：'女子经血宜弱，一毫不可壅滞。既名月经，自应三旬一下。多则病，少则亦病；先期则病，后期则病；淋漓不止则病，瘀滞不通则病。故治妇人之病，总以调经为第一。''凡治妇女之疾，先须调经。'此说深合吾心。验诸实践，凡月经不调者，则癥瘕痃癖，肿胀烦满，骨蒸劳瘵，诸症由此而生。但先调经，同时治疗诸疾，常能事半功倍。二者诊治妇科病，必通晓奇经之理。奇经八脉为十二经脉以外之任、督、冲、带、阴跻、阳跻、阴维、阳维。奇经具有联系十二经、调节气血之作用。吾以为妇科之经、淋、带、崩漏、产后各证均与八脉有关。叶天士曾谓：'八脉隶于肝肾，一身纲维。八脉主束固之司，阴弱内热，阳微外寒矣。'吾则认为，正经犹沟渠，奇经犹湖泽，比如雨降沟盈，溢于湖泽。而正经病久，延及奇经。妇科疑难之疾，常为病久入络，气血消耗，渠枯泽竭也。吾治经行如崩久不愈者，常用补奇经而收显效。”

“三者治妇科应重视和气。妇科诸疾与气血关系至密，而于气尤为重要。妇人多气者，情不能舒，忧思忿怒，肝火时动。朱丹溪所谓：‘血气冲和，万病不生，一有怫郁，诸病生焉。’气郁血滞，则经不调、胎孕不安、产后腹痛、神情抑郁诸症均现。盖七情失和之气，反为元气之害，和气则能使元气复而脏腑功能正常，故治妇科病，调气血中必重和气，而疏肝、理脾则参在其中也。”

对于妇科疾病中崩漏的诊治，何任的辨治经验尤显精妙。他认为，崩漏之主要机理为脏腑气血功能失调，冲任失固，故治疗应按照“急则治其标，缓则治其本”的原则，根据病程新久、证型虚实等，分别采取塞流、澄源、复旧三法。何任治崩漏，按塞流、澄源、复旧三法循序而进，但重点在塞流之必期显效。盖于崩证措施不力，出血多则易致虚脱。至于澄源、复旧，则血止以后之审证求因与调理善后而已，与其他病证之处理原则近似。何任治崩常以黑蒲黄散（炒黑蒲黄、炒阿胶、当归、川芎、炒白芍、炒生地、丹皮、炒黑荆芥、炒黑地榆、醋炒香附、棕榈炭、血余炭）为主塞流，在辨寒、热、虚、实的基础上酌情加减，效果明显。徐灵胎所谓："崩漏必用补血大剂，而兼黑色之药，大概轻剂不能中病。"何任治崩漏愈后复作或人工流产后月经量多，其势如崩或淋漓不已者，常以补益奇经为法，每收显效。月经过多，经期过长，淋漓不断，其病虽不尽同于崩漏，然其治方多可通用。清代吴瑭之通补奇经丸（当归、鹿茸、潼蒺藜、小茴香、党参、杜仲、茯苓、鹿角胶、龟板、紫石英、枸杞子、补骨脂）据证情加减，颇有效用。此亦为止血以后之澄源、复旧措施。

刘某，35 岁，1984 年 4 月 9 日初诊。月经过期未行，昨日突然排红，量多色鲜，心悸倦乏，脉软，苔薄白，宜先止崩。炒黑蒲黄 12g，炒黑当归 6g，丹皮 6g，棕榈炭 12g，炒黑荆芥穗 6g，生地 15g，炒阿胶珠 12g，血余炭 9g，炒黑地榆 12g，制香附 9g，炒白芍 12g。5 剂。上方服 2 剂以后，崩中已止，服完 5 剂，则体力渐复而愈。

耄耋不歇　德业双馨

对于年已九旬的何任，人们不仅为他对中医典籍的研究和深化所折服，更崇敬和佩服他的医术和医德。

何任从小受父辈“土扶可成墙，积德为厚地”（李白《君道曲》）的传统教育，无论是抗战时在龙泉防疫业医，还是20世纪50年代初任杭州中医协会主任，后任浙江中医学院院长，皆几十年如一日，不计报酬，不图名利，焚膏继晷，专研医籍，尽心尽力为民治病。他勇担道义，为中医事业的发展奔走操劳，表现出的高尚品德令人敬重。

时至今日，何任已90高龄，仍应邀到浙江名中医馆门诊，每周两个上午。他说：“耄耋之年，万事无求。为民看病，只了心愿。”他去门诊之日，省内外病人闻风而至。门诊大厅门庭若市，人潮涌动。按规定，他的号一上午只挂20个，许多人都是前一天下午就等在名医馆门口才挂到号的。这显然满足不了患者的要求，常常时至中午仍不能停诊。每当助手出面婉拒时，何任总是说：“加号吧，这些病人有千里迢迢来的，有山区海岛来的，在杭州多待一天，就要花不少钱，而且病情还会加重。我们辛苦点算了，再说病人让我们做好事，多积德，我们还应该感激他们呢。”一席话说得助手心悦诚服，加10个号不够，再加5个，这样往往要到下午一两点钟才能休息。如遇药费不够或家庭实在贫困者，何任还要自己掏钱，接济他们药费、路费。他说：“我比他们宽裕，钱生不带来，死不带去，无所谓的。医者，悬壶济世，救急也是济世啊。”看到老人如此辛苦，如此仁慈，观者个个含泪感恩，泣颂大德，令人动容。

对病人如此，对中医事业更是如此。何任对中医事业的精诚之心，真是日月可鉴。当代中医发展史上有两次著名的上书，即“十老上书”和“八老上书”，何任不但均列其中，而且在第一次还是发起人。这足以昭示他对中医的坚定信念和赤诚之心。

1984 年，焦灼于中医药事业发展的举步维艰，何任毅然联合全国九位著名的中医专家，上书国务院，力陈制约中医药发展的严重弊端，恳切希望国务院下设独立的中医药管理机构，成立国家中医药管理局。信中痛陈中医后继乏人、乏术，中医的医、教、研单位名不副实。大多数单位中，中医在科技人员中所占的比例极少……“如此下去，中医事业的前景不堪设想……为此，我们恳切地希望：①加强党对中医药事业的领导；②建立独立的中医药管理系统，成立国家中医药管理局，各省、市、县成立相应的管理机构；③各级中医药管理机构和事业单位必须由中医药内行担任领导；④制定中医药实施法；⑤给予中医药事业财力、物力的支持，以保证按比例地发展。”

“十老上书”一年之后，国务院成立了专门负责管理中医药事业的国家中医药管理局。从此，中医药事业的发展有了自己的专职行政机构。

1990年，在得知有关部门准备精简中医药管理局的关键时刻，何任同其他七位全国著名中医专家再次上书党中央，恳切呼吁加强国家中医药管理局的职能，尽快建立各省市中医药管理机构。“八老上书”得到了中央领导的高度重视，不但国家中医药管理局保留了下来，而且各省市均相应成立了中医药管理机构。

2006年春夏之交，就在中医药事业迎来最好发展机遇的时候，一些人导演了所谓“取消中医”的签名闹剧。一时间沸沸扬扬，人心浮动。就在这视听混淆、良莠难辨之际，10月22

日，何任在“世界传统医药日”座谈会上拍案而起，对此闹剧予以坚决地批驳。10 月 31 日，国家中医药管理局发言人表示：这次网络签名活动，因其否定历史，违背科学，激起了广大中医药工作者的强烈愤慨，也必然遭到广大群众的普遍反对。这位发言人说，据调查，到目前参与“网络签名”的仅有 138 人，而非所传的“万名”。对于这些人的数典忘祖，何任出于义愤，于 11 月 16 日撰写了《抚今忆昔说中医》长文，发表在《浙江中医杂志》上。他通过对 1929 年余云岫炮制的《废止旧医以扫除医事卫生之障碍案》、1937 年汪精卫反对中医、1953 年前后一些当事者阻止中医等逆流终究失败的回顾，严厉驳斥了当时网上主张“取消中医”者的谬论。

“有人说‘中医没有安全保障’。中医中药经历了几千年的发展，有着从人体实践得出的完整丰富的理论体系与安全记录。文献资料记载，中医在病因、病理、治则、用药等多方面都有明确的是非标准和法则规定。中医用药的宜忌，方法的取舍，都是从人的整体着眼。几千年来中华民族的繁衍昌盛，是离不开中医的。怎么能无中生有地说‘中医没有安全保障’呢？”

“有人说‘中医理论上落后，什么虚啊，实啊，气啊，补啊，阴阳五行等等，概念都是不准确的，不知所云……’发这些言论者读过几本中医书？比如补法，中医的补法有多种，说得通俗点，其内涵有的与能量代谢有关，有的与免疫有关，有的与内分泌有关，等等。没有弄清中医学的内涵，抓住几个代号‘阴阳虚实’就加以否定，是十分不妥的。”

同时，何任还一针见血地指出这些谬论的根源和实质。“对中医的错误认识源于文化自卑。中医是中华传统文化最优秀的部分之一，它不仅是中华民族的宝贵财富，而且是全世界人民的宝藏。德国慕尼黑大学曼·波克特教授是著名的汉学与医学家，他既熟悉西医，又坚持研究中医几十年。他说：‘中国自己不把中医药当成科学，不重视中医药的发展，其根源是文化自卑感。’‘中医是内容最丰富，最有条理，最有效的医学科学。’‘中国人应该克服文化自卑感，理直气壮地弘扬自己优秀的传统文化，大力宣传和发展中医中药。’在世界范围内为中医中药‘正名’。”

“取消中医是伪理性话语。叫嚣取消中医，显然就是在伪理性话语中，遮蔽了自己的研究视界，从而冠冕堂皇地运用理性的语言和观念做出了一种无知的判断。《庄子》说：‘文掩质，博溺心’，理性话语在失去理性底蕴和反思能力的狭隘运用中，遮蔽本质，沉溺心灵。”

“由于这几个人对中医的无知，对祖国历史的无知，他们满口的‘科学’，其实质是没有弄清科学的内涵，就信口雌黄地评论中医。科学是知识，殿堂高大，绝非狭隘小庙。中医在这科学殿堂中的位置不容小视。它同现代西医同属一个领域，面对的都是人类的健康和疾病问题，无非是认识、研究方法、得出结论有差异和互补罢了。但殊途同归，二者都能把病看好。这难道不是科学!”

2008年11月5日，何任在浙江省中医药工作座谈会上呼吁：中医人要有中医思维。不管是医务人员，还是管理者，都要用中医思维来做好中医工作，搞好中医事业。我们尊重现代科学试验，但相比之下，西医只有几百年的历史，而我们中医有几千年的历史，是中华民族传统文化的一部分，有很多值得推崇的地方，我们自己一定不要放弃。

作为浙江中医药大学的主要创始人之一，何任积80年学习、研究及从业之经历，迸发出对中医药事业的一片赤诚和热爱之情。其言论剀切中理，字字珠玑。

高尚的医德，精湛的技艺，使何任赢得了社会的普遍尊崇与敬重。自创办中国医学函授社开始，何任历任杭州市中医协会主任委员，浙江中医学院副院长、院长，浙江省中医学会会长，全国中医药学会常务理事，高等中医药院校教材编审委员会副主任委员，国家中医药管理局成果评审委员，浙江中医学院学术委员会主任委员，《中医报》报社社长，何氏中医基金会会长，浙江名中医馆馆长等职，还曾任浙江省第四届政协委员，浙江省第五、六届人民代表大会常务委员会委员，第七届全国人民代表大会代表。现为浙江中医药大学终身教授、主任中医师、博士研究生导师，中华中医药学会终身理事、顾问，中国中医科学院学术委员会委员，浙江省中医药学会名誉会长，浙江省名中医研究院名誉院长、专家学术委员会主任委员，浙江省中医院首席学术顾问，何任中医研究院院长。同时，何任也是首批全国老中医药专家学术经验继承工作指导老师，首届国务院政府特殊津贴获得者，“中国百年百名临床家”之一。1999年，获中国中医药学会“国医楷模”称誉，事迹载入《剑桥世界名人录》。2006年，荣获中华中医药学会颁发的首届中医药传承特别贡献奖。2009年，在全国首届国医大师的评选中，荣膺“国医大师”这一光荣称号。

何任不仅中医造诣精深独到，而且广涉艺林，志趣高雅。他喜欢金石书画，赏景品茗，皆入三昧。77岁那年，他还就读北京中国书画函授大学国画专修班，学习了两年国画。他的国画，色彩或淡雅，或艳丽，用笔或细腻，或洒脱，画面或张或弛，章法有度，甚得行家赞赏。其书法作品，运笔流畅，自成一体。近年来，在浙江中医药大学及浙江省名中医馆内，颇多他的墨宝。2008年，杭州市重修西湖边的玉泉景区，特邀何任书写“皱月廊”匾，悬挂在玉泉鱼池左廊上。

何任每周都会携夫人陆景涛去西湖里的郭庄赏景品茶，多年来风雨无阻。有时候天气不好，家人劝阻，他却说："我是去看'山色空蒙雨亦奇'的美景。"他常与友人品茗。有一位艺术家知道他心怀恬淡、菩萨心肠，就依照古黟县人旧居联语，刻了一枚"桃花源里人家"印章送给他。他十分喜欢，并说："我就是一个桃花源里人，很多时髦东西都不知道，真是'不知有汉，无论魏晋'。只要社会和谐，人人安康，所有的病人都能够像桃花源里人家那样安康乐世，那我才高兴呢！"

"最美不过夕阳红，温馨又从容。夕阳是晚开的花，夕阳是陈年的酒……"这是何任目前最喜爱的歌曲。1983 年，他正式卸下浙江中医学院院长重担后，把主要精力放在了名中医馆门诊、中医学术著作写作等方面，但他的业余生活却是几十年不变。抒情叙事的《诗意流年》

一书，真实反映了他高雅的品性。此外，何任的古典诗词造诣颇深，可圈可点者甚众。

谈起他的养生之道，耄耋之年的何任深情地说："五谷杂粮，起居有律，大家都差不多。要说我有什么特别的养生之道，就是'和睦夫妻'。养生有器，'器'即妻也。我结婚60余年来，无论兵荒马乱，创业艰难，还是两次开刀，都靠妻子悉心护理，排忧分担，共渡难关。我能身心愉快地应对各种困难，潜心中医药事业，还得益于大儿子何一枫（现任浙江省政府参事室参事）、大女儿何钧（浙江省教育厅副厅长）、小女儿何若苹（浙江省名中医）等子女和众多孙辈的孝顺。他们每逢节假日都来团聚，也给我增添了无限的乐趣与欣慰。"

每当假日的早上，在何任临窗的书房里，微风吹拂着他的一头银发。面对阳台上飘着幽香的兰花，与他携手60余年的夫人陆景涛弹着施坦威钢琴，何任常用浑厚的低音唱起那首

《夕阳红》。歌声伴琴声，是那么的和谐，那么的轻柔。在歌声中，这对已临近钻石婚的夫妻，迎来了又一个美好的日子。

何任不老，因为他已融入了千年不衰的祖国中医药事业之中！

（2012 年 2 月 23 日，一代国医大师何任因病医治无效，在浙江杭州逝世，享年 93 岁。）

（撰稿人　何若苹　余小沅　徐光星　陈永灿）

《中华中医昆仑》丛书 150 位医家名录

（按生年排序）

张锡纯	丁甘仁	萧龙友	王朴诚	恽铁樵
曹炳章	冉雪峰	谢　观	施今墨	汪逢春
孔伯华	黄竹斋	吴佩衡	蒲辅周	陈邦贤
李翰卿	李斯炽	姚国美	陆渊雷	张泽生
时逸人	张梦侬	叶橘泉	王聘贤	陈慎吾
邹云翔	赵炳南	承淡安	余无言	刘惠民
岳美中	沈仲圭	秦伯未	赵锡武	韦文贵
程门雪	黄文东	赵心波	董廷瑶	吴考槃
章次公	石筱山	陆南山	张赞臣	李聪甫
刘绍武	陈存仁	朱仁康	陆瘦燕	姜春华
韩百灵	高仲山	李克绍	王鹏飞	刘春圃
金寿山	哈荔田	何世英	周凤梧	干祖望
关幼波	王为兰	任应秋	罗元恺	祝谌予
杨医亚	郭士魁	何时希	耿鉴庭	俞慎初

裘沛然	顾伯华	江育仁	邓铁涛	门纯德
刘渡舟	尚天裕	朱良春	李玉奇	程士德
尚志钧	赵绍琴	董建华	米伯让	李辅仁
张珍玉	班秀文	颜正华	于已百	颜德馨
路志正	方药中	王乐匋	黄星垣	谢海洲
余桂清	何　任	王子瑜	程莘农	陈彤云
焦树德	张作舟	张　琪	李寿山	张镜人
王绵之	方和谦	印会河	王玉川	蔡小荪
李振华	马继兴	王嘉麟	宋祚民	刘弼臣
王雪苔	刘志明	吴咸中	李今庸	任继学
裴学义	王宝恩	周霭祥	贺普仁	唐由之
赵冠英	许润三	金世元	陆广莘	刘柏龄
徐景藩	吉良晨	吴定寰	沈自尹	王孝涛
张灿玾	周仲瑛	强巴赤列	张代钊	李经纬
郭维淮	柴松岩	苏荣扎布	陈可冀	李济仁
夏桂成	郭子光	巴黑·玉素甫	张学文	陈介甫